STRUM & SING

JOHN DENVER
Ukulele

Cherry Lane Music Company
Director of Publications/Project Editor: Mark Phillips

ISBN 978-1-60378-371-2

Visit our website at www.cherrylaneprint.com

CONTENTS

All This Joy

Words and Music by
John Denver

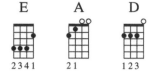

Verse 1

E　　|A　|　E　|D　A　　|
All this joy, all this　sor - row,

A　　　|E　　|D　　|A　　|
All this　promise,　all this pain.

A　E　|A　|　E|D　A　|
Such is life, such is be - ing,

A　　|E　|D　　|A　　|
Such is spirit,　such is love.

Verse 2

A　E　‖A　|　E　|D　A　|
City of joy, city of　sor - row,

A　　|E　　|D　　|A　　|
City of promise,　city of pain.

A　E　|A　|　E|D　A　|
Such is life, such is be - ing,

A　　|E　|D　　|A　　|
Such is spirit,　such is love.

Verse 3

```
A  E    ‖A |    E |D   A    |
World of joy, world of  sor - row,
```

```
A         |E    |D        |A        |
World of promise,    world of pain.
```

```
A  E   |A  |   E |D  A   |
Such is life, such is be - ing,
```

```
A        |E |D       |A       |
Such is spirit,  such is love.
```

Verse 4

```
A  E    ‖A |   E |D   A   |
All this joy, all this  sor - row,
```

```
A        |E     |D       |A        |
All this   promise,    all this pain.
```

```
A  E   |A  |   E |D   A   |
Such is life, such is be - ing,
```

```
A        |E |D       |A       |
Such is spirit,  such is love.
```

```
A        |E |D       |A    |    |    |    |    ‖
Such is spirit,  such is love.
```

Amazon
(Let This Be a Voice)

Words and Music by
John Denver

C   F   G

Verse 1

             |C |F |C | |
There is a river that runs from the mountains.

C |F |C | |
That one river is all rivers.

F C F| C   F |C |
All   rivers   are that one.

Verse 2

             ‖C |F |C | |
There is a tree that stands in the forest.

C |F |C | |
That one tree is all forests.

F C F| C   F |C |
All   trees   are that one.

Verse 3

             ‖C |F |C | |
There is a flower that blooms in the desert.

C |F |C | |
That one blossom is all flowers.

F C F| C   F |C |
All   flowers   are that one.

Verse 4

```
  ‖C        |F        |C      |      |
There is a bird that sings in the jungle.

C              |F  |C      |      |
That one song is all  music.

F  C  F|   C       F      |C      |      ‖
All      songs   are that one.
```

Chorus 1

```
F      G        |C      |
It is the song of life.

F      G          |C      |
It is the flower of faith.

F      G           |C      |
It is the tree of tempta - tion.

F      G        |C G C  | G C
It is the river of no   re-grets.
```

Verse 5

```
           ‖C        |F        |C      |      |
There is a child that cries in the ghetto.

C              |F       |C      |      |
That one child is all of our children.

F  C  F   |    C      F      |C      |
All of    our children   are that one.
```

Verse 6

```
           ‖C        |F        |C      |      |
There is a vision that shines in the darkness.

C              |F       |C      |      |
That one vision is all of our dreams.

F  C  F   |    C      F      |C      |      ‖
All of    our dreams    are that one.
```

Chorus 2

```
F       G          |C        |
It is a vision of heav - en.

F     G            |C          |
It is a child of prom - ise.

F    G           |C        |
It is a song of life.

F        G        |C G C    | G C
It is the river of no  re-grets.
```

Outro

```
   ||G     F          |C
Let this be a voice for the mountains.

  |G     F          |C
Let this be a voice for the river.

  |G     F          |C
Let this be a voice for the forest.

  |G     F          |C
Let this be a voice for the flowers.

  |G     F          |C
Let this be a voice for the desert.

  |G     F          |C
Let this be a voice for the ocean.

  |G     F          |C
Let this be a voice for the children.

  |G     F          |C
Let this be a voice for the dreamers.

  |G     F          |C G C   |  G C     ||
Let this be a voice of no  re-grets, no  re-grets.
```

Autograph

Words and Music by
John Denver

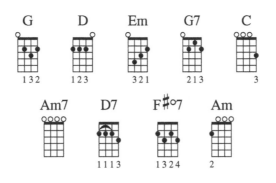

Verse 1

G   D |Em   G7 |
Here I am and closing my eyes   again,

C   G | Am7
Trying so hard   not to see

              D |G
All the things   that I see.

         D |Em   G7
Almost willing to lie   again,

 |C   G | Am7
I swear that it just   isn't so,

        D |G
It just isn't me.

        D |Em   G7
We are never a-lone

      |C   G   Am7 G |D ||
Even though we'd like to be.

Verse 2

G   D |Em   G7 |
Then I go and open my eyes   again,

C   G |Am7
Love in your eyes   is the thing

            D |G
That I'd most like to see.

        D |Em   G7
I'd be willing to die   again,

 |C   G | Am7
To know of a place   and a time

        D | G
Where it always could be,

       D |Em   G7
To be always with you

 |C   G   Am7 G |D ||
And you al - ways with me.

Chorus

F♯°7 |G |
This is my autograph

Am   D7 |G |
Here in the songs   that I sing,

F♯°7 |G |
Here in my cry and my laugh,

Am   D7 |G
Here in the love   that I bring,

       D |Em   G7
To be always with you

 |C   G   Am7 G |D ||
And you al - ways with me.

Verse 3

        G   D |Em   G7 |
Say a prayer and open your heart   again,

        C   G |Am7
You are the love   and the light

             D |G
That we all need to see,

           D |Em   G7 |
Always willing to shine   and then

        C   G |Am7
Peace on this earth   is the way

           D |G
That it always can be,

           D |Em   G7
To be always with you

       |C   G   Am7 G |D ||
And you al - ways with me.

Repeat Chorus

Annie's Song

Words and Music by
John Denver

Dsus4   G   A   Bm   D

Dmaj7   D6   F#m   Em   A7

Verse 1

|Dsus4 |G |A |Bm
You fill up my sens - es

|G |D |Dmaj7 |D6
Like a night in a forest,

|D |G |F#m |Em
Like the mountains in spring - time,

|G |A7 | |
Like a walk in the rain.

|A7 |G |A |Bm
Like a storm in the des - ert,

|G |D |Dmaj7 |D6
Like a sleepy blue ocean,

|D |G |F#m |Em
You fill up my sens - es,

|A7 |D |Dsus4 |D |
Come fill me a - gain.

Verse 2

Dsus4 ‖G |A |Bm
Come let me love you,

|G |D |Dmaj7 |D6
Let me give my life to you,

|D |G |F♯m |Em
Let me drown in your laugh - ter,

|G |A7 | |
Let me die in your arms.

|A7 |G |A |Bm
Let me lay down be - side you,

|G |D |Dmaj7 |D6 |
Let me always be with you,

D |G |F♯m |Em
Come let me love you,

|A7 |D |Dsus4 |D
Come love me a - gain.

Repeat Verse 1

13

Back Home Again

Words and Music by
John Denver

E   E7   A   B7   F#m

Verse 1

|E |E7 |A |
There's a storm   across the valley, clouds are rollin' in,

|B7 | |E |
The afternoon is heavy on your shoul - ders.

|E |E7 |A |
There's a truck out on the four - lane a mile or more away,

|B7 | |E |
The whinin' of his wheels just makes it colder.

Verse 2

‖E |E7 |A |
He's an hour away from ridin' on your prayers up in the sky,

|B7 | |E |
And ten days on the road are barely gone.

|E |E7 |A |
There's a fire softly burning, supper's on the stove,

|B7 | |E | ‖
But it's the light in your eyes that makes him warm.

Chorus

A |B7 |E |E7 |A
Hey, it's good to be back home a-gain,

|B7 |E |A
Sometimes this old farm feels   like a long-lost friend.

|B7 | |E
Yes 'n' hey, it's good to be back home again.

Verse 3

```
      ‖E                |E7      |A                    |
There's all the news to tell him, how'd you spend your time?

     |B7                |            |E          |
And what's the latest thing the neighbors say?

        |E                |E7      |A                    |
And your mother called last Friday, "Sunshine" made her cry,

       |B7                 |         |E        |      ‖
And you felt the baby move just yester-day.
```

Repeat Chorus

Interlude

```
       ‖A               |B7               |E          |A
And oh, the time that I can lay this tired   old body down

   |F♯m               |B7              |E          |E7
And feel your fingers   feather soft up-on me.

    |A             |B7         |E                    |A
The kisses that I live for, the love that lights my way,

   |F♯m            |A              |B7              |
The happiness that livin' with you brings me.
```

Verse 4

```
       ‖E                 |E7       |A                    |
It's the sweetest thing I know of, just spending time with you.

       |B7                |            |E          |
It's the little things that make a house a home,

       |E       |E7       |A                    |
Like a fire softly burning and supper on the stove

       |B7                |            |E        |      ‖
And the light in your eyes that makes me warm.
```

Repeat Chorus (2X)

15

Calypso

Words and Music by
John Denver

A   A6   Amaj7   Bm7   A7sus4   D   E   E7

Verse 1

|**A** |**A6**
To sail on a dream on a crystal clear ocean,

|**Amaj7** |**A** |**Bm7** |
To ride on the crest of the wild raging storm,

|**A** |**A6**
To work in the service of life and the living,

|**Amaj7**   A | |**Bm7** |
In search of the answers to questions un-known.

|**A** |**A6** |
To be part of the movement and part of the growing,

Amaj7   A | |**A7sus4** | ‖
Part of be-ginning to under-stand.

Chorus

D
Aye, Calypso,

|**A**
The places you've been to,

|**D**   **A**
The things that you've shown us,

|**E**   **A** |
The stories you tell.

D
Aye, Calypso,

|**A**
I sing to your spirit,

|**D**   **A**
The men who have served you

|**E7**   **A** |**E** |**D**   **A**
So long and so well.

Verse 2

        ‖A   **|A6**
Like the dolphin who guides you, you bring us beside you

      |Amaj7   **|A**   **|Bm7**   **|**
To light up the darkness and show us the way.

      |A   **|A6**
For though we are strangers in your silent world,

      |Amaj7   **A**   **|**   **|Bm7**   **|**
To live on the land we must learn from the sea.

      |A   **|A6**   **|**
To be true as the tide and free as a wind-swell,

Amaj7   **A**   **|**   **|A7sus4**   **|**   **‖**
Joyful and loving in letting it be.

Repeat Chorus

Dancing with the Mountains

Words and Music by
John Denver

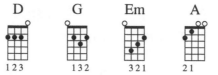

Verse 1

D
Everybody's got the dancin' fever,

D
Everybody loves to rock and roll.

D
Play it louder, baby, play it faster,

D
Funky music's gotta stretch your soul.

Verse 2

D
Just relax and let the rhythm take you,

D
Don't you be afraid to lose control.

D
If your heart has found some empty spaces,

D
Dancin's just a thing to make you whole.

Chorus 1

G | |D | |
I am one who dances with the moun-tains.

G | |D | |
I am one who dances in the wind.

G | |D |
I am one who dances on the o-cean.

 |G |Em A |D | ||
My partner's more than pieces, more than friends.

Verse 3

D | |
Were you there the night they lost the lightning?

D | |
Were you there the day the earth stood still?

D | |
Did you see the famous and the fighting?

D | ||
Did you hear the prophet tell his tale?

Chorus 2

G | |D | |
We are one when dancing with the moun-tains.

G | |D | |
We are one when singing in the wind.

G | |D |
We are one when thinking of each oth-er,

 |G |Em A |D | ||
More than partners, more than pieces, more than friends.

The Eagle and the Hawk

Words by John Denver
Music by John Denver and Mike Taylor

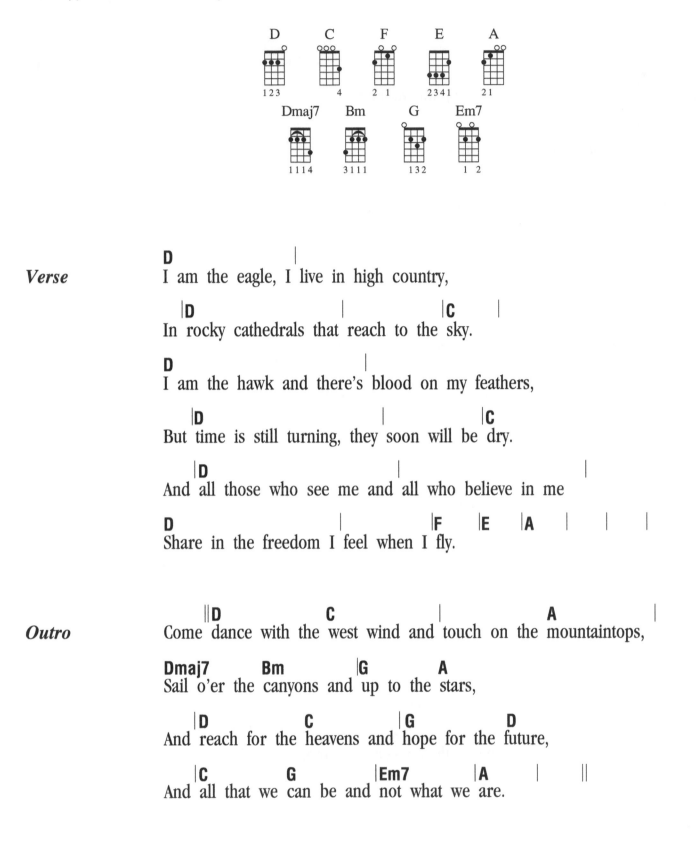

Verse

D
I am the eagle, I live in high country,

|**D** |**C**
In rocky cathedrals that reach to the sky.

D
I am the hawk and there's blood on my feathers,

|**D** |**C**
But time is still turning, they soon will be dry.

|**D**
And all those who see me and all who believe in me

D |**F** |**E** |**A**
Share in the freedom I feel when I fly.

Outro

||**D**   **C** | **A** |
Come dance with the west wind and touch on the mountaintops,

Dmaj7   **Bm** |**G**   **A**
Sail o'er the canyons and up to the stars,

|**D**   **C** |**G**   **D**
And reach for the heavens and hope for the future,

|**C**   **G** |**Em7** |**A** | ||
And all that we can be and not what we are.

Flying for Me

Words and Music by
John Denver

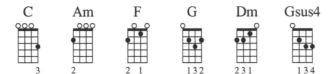

Verse 1

|C |
Well, I guess that you probably know by now

|Am |
I   was one who wanted to fly.

    |F |G |C |F
I wanted to ride on that arrow of fire right up into heaven.

|C |
And I wanted to go for ev-'ry man,

|Am |
Every child, every mother of chil-dren.

   |F |G |C |F
I wanted to carry the dreams of all the people right up to the stars.

Verse 2

||C |
And I prayed that I'd find that an-swer there,

|Am |
Or maybe I would find the song

  |F |G |C |F
Giving a voice to all of the hearts   that cannot be heard.

  |C |
And for all of the ones who live in fear

|Am |
And all of those who stand apart,

  |F |G |C |
My being there would bring us a little step closer togeth-er.

Chorus 1

‖ **F**
They were flying for me,

|**G** |**C**
They were fly - ing for everyone.

             |**F** |**G** |**C**
They were trying to see   a brighter day for each and everyone.

           |**F**
They gave us their light,

          |**G** |**Am** |**F**
They gave us their spirit and all they could be.

       G |**C** |**F**
They were flying for me,

       G |**C** |**F G** |**C G** |**Am G**
They were flying for me.

Bridge

      ‖**F** |**G**
And I wanted to wish on the Milk-y Way

      |**C**   **G** |**Am G**
And dance   upon a falling star.

       |**F** |**Dm** |**F** |**Gsus4** | **G** ‖
I wanted to give myself and free myself, en-join myself with it all!

Interlude

C | |**Am** | |**F** |**G** |**C** |**F**

Verse 3

     ‖**C** |
Given the chance to dream, it can be done,

 |**Am** |
The promise of tomorrow is real.

      |**F** |**G** |**C** |
Children of spaceship Earth, the future belongs to us all.

Chorus 2

                   ‖**F**
She was flying for me,

           |**G** |**C**
She was fly - ing for everyone.

               |**F** |**G** |**C**
She was trying to see a brighter day for each and everyone.

            |**F**
She gave us her light,

           |**G** |**Am** |**F**
She gave us her spirit and all she could be.

       G |**C**
She was flying for me.

Outro-Chorus

                   ‖**F**
They were flying for me,

           |**G** |**C**
They were fly - ing for everyone.

               |**F** |**G** |**C**
They were trying to see a brighter day for each and everyone.

             |**F**
They gave us their light,

           |**G** |**Am** |**F**
They gave us their spirit and all they could be.

       G |**C** |**F**
They were flying for me,

       G |**C** |**F**
They were flying for me,

       G |**C** |**F**
They were flying for me,

       G |**C** |**F G** |**C** ‖
They were flying for me.

Eagles and Horses

(I'm Flying Again)

Words and Music by
John Denver and Joe Henry

Am   Em7   C   F   G   Dm

Verse 1

    Am |**Em7** |**Am**
Horses are creatures who worship the earth,

       |**Am**   **Em7** |**C**
They gallop on feet of ivo-ry.

     |**F** | |
Con-strained by the wonder of dying and birth,

     |**Am**   **Em7** |**Am G Am G** |**Am G Am G**
The horses still run, they are free.

     |**Am** |**Em7** |**Am**
My body is merely the shell of my soul,

    |**Am**   **Em7** |**C**
But the flesh must be given its due,

     |**F** | |
Like a pony that carries its rider back home,

     |**Am**   **Em7** |**Am G Am G** |**Am G Am G** ‖
Like an old friend who's tried and been true.

Chorus

    C |**G** |
I had a vision of eagles and horses

F   **Dm** |**Am** |**G** |
High on a ridge in a race with the wind.

     |**F** |**C G**   **Am**
Going high-er and higher and fast-er and faster,

   |**F**   **Am** |**C G** |**C** | **G** |**Am** | | | ‖
On eagles and horses I'm fly-ing a-gain.

Verse 2

```
Am                  |Em7              |Am
Eagles inhabit the heavenly heights,

    |Am        Em7      |C
They know neither limit nor bound.

              |F                    |                        |
They're the guardian angels of darkness and light,

    |Am        Em7       |Am  G Am G |Am G Am G |
They see all and hear every sound.

    |Am              |Em7      |Am
My spirit will never be broken or caught,

        |Am      Em7      |C
For the soul is a free-flying thing,

        |F                     |                    |
Like an eagle that needs neither comfort nor thought

    |Am        Em7      |Am  G Am G |Am G Am G ||
To rise up on glorious wings.
```

Repeat Chorus

Verse 3

```
        ||Am            |Em7        |Am
My body is merely the shell of my soul,

        |Am        Em7      |C
But the flesh must be given its due,

        |F                     |                    |
Like a pony that carries its master back home,

        |Am            Em7            |Am  G Am G |Am G Am G
Like an old friend who's tried and been true.

    |Am              |Em7      |Am
My spirit will never be broken or caught,

        |Am      Em7      |C
For the soul is a free-flying thing,

        |F                     |                    |
Like an eagle that needs neither comfort nor thought

    |Am        Em7      |Am  G Am G |Am G Am G ||
To rise up on glorious wings.
```

Repeat Chorus

Fly Away

Words and Music by
John Denver

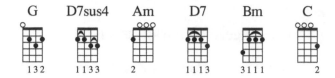

Verse 1

G
All of her days have gone soft and cloudy,

G   **D7sus4**
All of her dreams have gone dry.

G
All of her nights have gone sad and shady,

G
She's getting ready to fly.

Chorus

Am |**D7**
Fly away,

Am |**D7**
Fly away,

          |**G**
Fly away.

Verse 2

G
Life in the city can make you crazy

      |**G** |**D7sus4**|
For sounds of the sand and the sea.

G
Life in a high-rise can make you hungry

      |**G** |**D7sus4**
For things that you can't even see.

Repeat Chorus

Interlude

    Am   **|Bm**   **|C**   **|**
In this whole world there's nobod - y as lonely as she,

        |Am   **|D7**   **|G**   **|**   **|**   **|**
There's nowhere to go and there's no - where that she'd rather be.

Verse 3

    ‖G   **|**
She's looking for lovers and children playing,

    |G   **|**   **D7sus4**
She's looking for signs of the spring.

    |G   **|**
She listens for laughter and sounds of dancing,

    |G   **|D7sus4**   **‖**
She listens for any old thing.

Repeat Chorus

Repeat Interlude

Repeat Verse 1

Repeat Chorus

Follow Me

Words and Music by
John Denver

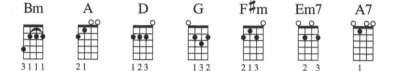

Bm   A   D   G   F♯m   Em7   A7

Intro

|Bm |A |D |
It's by far the hardest thing I've ever done,

|G F♯m |Em7 |A |A7
To be so in love with you and so a-lone.

Chorus

‖D |Em7 |D |G
Follow me where I go, what I do and who I know,

|D |Em7 |A |A7
Make it part of you to be a part of me.

|D |Em7 |D |G |
Follow me up and down, all the way and all around,

D |G A7 |D |
Take my hand and say you'll follow me.

Verse 1

‖D |A |G |D
It's long been on my mind, you know it's been a long, long time,

|Bm |A |G |A
I'll try to find the way that I can make you under-stand

|G |D |G |D
The way I feel about you and just how much I need you

|G F♯m |Em7 D |G |A |A7
To be there where I can talk to you when there's no one else around.

Repeat Chorus

Verse 2

              ‖D   **|A**   **|G**   **|D** |
You see, I'd like to share my life with you and show you things I've seen,

Bm   **|A**   **|G**   **|A**
Places that I'm going to, places where I've been

   |G   **|D**   **|G**   **|D**
To have you there beside me and never be a-lone

   |G   **F♯m**   **|Em7**   **D**   **|G**   **|A**   **|A7**
And all the time that you're with me, then we will be at home.

Repeat Chorus

For Baby
(For Bobbie)

Words and Music by
John Denver

G   C   D

Verse 1

|G   C |G
I'll walk in the rain by your side,

|C   D |G
I'll cling to the warmth of your hand,

|C   D |G   C
I'll do any-thing to help you under-stand,

|G   D |G
I'll love you more than anybody can.

Chorus 1

‖C   D |G |
And the wind will whisper your name to me,

C   D |G
Little birds will sing along in time,

|C   D |G |C
The leaves will bow down when you walk by,

|G   C D |G
And morn-ing bells will chime.

Verse 2

   ‖**G**   **C** |**G**
I'll be there when you're feeling down

   |**C**   **D** |**G**
To kiss away the tears if you cry.

    |**C**   **D** |**G**   **C**
I'll share with you all the happi-ness I've found,

    |**G**   **D** |**G**
A re-flection of the love in your eyes.

Chorus 2

    ‖**C**   **D** |**G**
And I'll sing you the songs of the rainbow,

   |**C**   **D** |**G**
The whisper of the joy that is mine,

   |**C**   **D** |**G** |**C**
The leaves will bow down when you walk by,

  |**G** **C** **D** |**G**   ‖
And morn-ing bells will chime.

For You

Words and Music by
John Denver

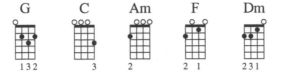

Verse 1

    G   **|C**   **|Am**
Just to look in your eyes   again,

          |F   **|Dm**
Just to lay in your arms,

             |G   **|C**   **|G**
Just to be the first one   always there for you.

        |C   **|Am**
Just to live in your laughter,

        |F   **|Dm**
Just to sing in your heart,

        |G   **|C**   **|**
Just to be every one   of your dreams come true.

Verse 2

    G   **‖C**   **|Am**
Just to sit by your window,

         |F   **|Dm**
Just to touch in the night,

        |G   **|C**   **|G**
Just to offer a prayer each day for you.

        |C   **|Am**
Just to long for your kisses,

        |F   **|Dm**
Just to dream of your sighs,

        |G   **|C** **|**
Just to know that I'd give my life for you.

Chorus 1

G ‖C |Am   F G
For you, all the rest   of my life.

  |C |Am   F G
For you, all the best   of my life.

  |C |G |C |
For you alone, only for you.

Verse 3

         G   ‖C |Am
Just to wake up each morning,

          |F |Dm
Just to you by my side,

             |G |C |G
Just to know that you're never really far a-way.

         |C |Am
Just a reason for living,

      |F |Dm
Just to say I a-dore,

         |G |C |
Just to know that you're here in my heart to stay.

Chorus 2

G ‖C |Am   F G
For you, all the rest   of my life.

  |C |Am   F G
For you, all the best   of my life.

  |C |G |C G ‖
For you alone, only for you.

Outro

C |Am |F |Dm |G |C |G

          |C |Am
Just the words of a love song,

       |F |Dm
Just the beat of my heart,

         |G |C | ‖
Just the pledge of my life, my love, for you.

Garden Song

Words and Music by
Dave Mallett

D   G   A

123   132   21

Verse 1

D |G   D |G   A |D
Inch by inch, row by row,   gonna make this garden grow,

G   A |D |G |A
All it takes is a rake and a hoe and a piece of fertile ground.

D |G   D |G   A |D
Inch by inch, row by row,   someone bless the seeds I sow,

G   A |D |G   A |D |G D | |A D ||
Someone warm them from below 'til the rain comes tumbling down.

Verse 2

D |G   D |G   A |D
Pulling weeds and pickin' stones, man is made of dreams and bones,

G   A |D |G |A
Feel the need to grow my own 'cause the time is close at hand.

D |G   D |G A |D
Grain for grain, sun and rain, find my way in nature's chain,

G   A |D |G   A |D |A |D ||
To my body and my brain to the music from the land.

Verse 3

```
        D              |G               D |G          A     |D                    |
        Plant your rows straight and long,  thicker than   with prayer and song,

        G       A        |D                      |G                  |A       |
        Mother Earth will make you strong if you give her love and care.

        D              |G          D |G           A    |D                 |
        Old crow watchin' hungrily  from his perch  in yonder tree,

        G       A    |D                    |G        A       |D  |A   |D   |A   ||
        In my garden I'm as free as that feathered beak up there.
```

Verse 4

```
        D              |G               D |G      A        |D                    |
        Inch by inch, row by row,    gonna make this garden grow,

        G     A          |D                       |G                     |A     |
        All it takes is a rake and a hoe and a piece of fertile ground.

        D              |G           D |G        A       |D      |
        Inch by inch, row by row,    someone bless the seeds I sow,

        G            A   |D                    |G       A      |D   |     |    |A  D  ||
        Someone warm   them from below 'til the rain comes tumbling down.
```

Higher Ground

Words by John Denver and Joe Henry
Music by John Denver and Lee Holdridge

Em7   F#m   G   Asus4   A   Em   D   A7sus4
Cadd9   Bm   F#m7   Dsus4   Bb   F   Esus4   E

Verse 1

|Em7 |F#m
There are those who can live

           |G |Asus4   A
With the things   they don't believe   in.

           |Em |D
They are giving up their lives

|G |A7sus4   A |Cmaj9 |
For something that is less   than it   can be.

Verse 2

‖Em7 |F#m
Some have longed for a home

   |G |Asus4   A
In a place of inspira   -   tion.

        |Em |D
Some will fill the emptiness   inside

|G |A7sus4   A |Cmaj9 |
By giving it all for the things that they believe,

      |Asus4   A | ‖
They be-lieve.

Chorus 2

D   ‖G   Gmaj7
I want to live, I want to grow,

        |C   Cadd9
I want to see, I want to know,

       |Bm   C
I want to share what I can give.

       |D   G |
I want to be, I want to live.

Interlude

          ‖Am |Em
For the worker and the warrior, the lover and the liar,

        |F   Am |G
For the native and the wan - derer in kind,

       |Am |Em
For the maker and the user and the mother and her son,

      |F   Am |F |D7
I am looking for my family and all of you are mine.

Verse 3

         ‖G |Em
We are standing all together face to face and arm in arm.

      |C   Am |G D7
We are standing on the threshhold of a dream.

       |G |Em
No more hunger, no more killing, no more wasting life away.

      |C   Am |F |D   Dsus4
It is simply an i-dea and I know its time has come.

Outro-Chorus

D   ‖G   Gmaj7
I want to live, I want to grow,

    |C   Cadd9
I want to see, I want to know,

    |Bm   A
I want to share what I can give.

    |D7
I want to be...

    |G   Gmaj7
I want to live, I want to grow,

    |C   Cadd9
I want to see, I want to know,

    |Bm   A
I want to share what I can give.

    |D7 |G   Gmaj7 |C Cadd9 |Bm A |D7
I want to be, I want to live.

    |G   Gmaj7
I want to live, I want to grow,

    |C   Cadd9
I want to see, I want to know,

    |Bm   A
I want to share what I can give.

    |D7 |Gmaj7 |Cmaj7
I want to be, I want to live,

    |D7sus4 D7 |G   ‖
I want to live,   I want to live!

Let Us Begin
(What Are We Making Weapons For?)

Words and Music by
John Denver

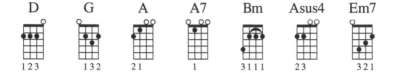

Verse 1

D
I am the son of a grassland farmer,

D   **|G**
Western Oklahoma, nineteen forty-three.

|G   **|D** **|A**
I always felt grateful to live in the land of the free.

|D
I gave up my father to South Korea,

|D   **|G**
The mind of my brother to Vietnam.

G   **|D** **|A7**
Now there's a banker who says I must give up my land.

|D
There are four generations of blood in this topsoil,

D   **|G**
Four generations of love on this farm.

|G   **|D**   **||**
Be-fore I give up I would gladly give up my right arm.

Chorus

A7 | D |
What are we making weapons for?

Bm   G |A7   D
Why keep on feed - ing the war   machine?

  |A7 | D |
We take it right out of the mouths of our ba - bies,

A7 | D
Take it away from the hands of the poor.

          |G   D   A |D | | | ||
Tell me, what are we making weapons for?

Verse 2

D |
I had a son and my son was a soldier.

          |D | |G
He was so like my father, he was so much like me.

  |G | |D | A
To be a good comrade was the best that he dreamed he could be.

  |D |
He gave up his future to revolution,

  |D | |G
His life to a battle that just can't be won,

  |G | |D |A7
For this is not living, to live at the point of a gun.

          |D |
I remem - ber the nine hundred days of Leningrad,

  |D | |G
The sound of the dying, the cut of the cold,

  |G | |D | ||
I re-member the moments I prayed I would never grow old.

Repeat Chorus

Verse 3

        ‖**D** |
For the first time in my life I feel like a prisoner,

  |**D** | |**G**
A slave to the ways of the powers that be,

   |**G** | |**D** |**A7**
And I fear for my children as I fear for the future I see.

      |**D** | |
Tell me, how can it be we're still fighting each other?

D | |**G**
What does it take for a people to learn?

   |**G** | |**D** | ‖
If our song is not sung as a chorus, we surely will burn.

Repeat Chorus

Outro

      A **D** ‖**G** |**D** |
Have we for - got - ten

     |**D** **A**   **D** |**G** |**D** |
All the lives that were giv - en,

     |**D** **A**   **D** |**G** |**D** |
All the vows that were tak - en,

     |**D** |**A** |**Asus4** |**A** |
Saying never a-gain?

G |**Em** |**D** |
Now for the first time,

   |**D**   **A** **D** |**G** |**D** |
This could be the last time.

   |**D** **A** **D** |**G** |**D** |**A** |
If peace is our vision,

A |**D** |
Let us be-gin.

Repeat Outro

I'd Rather Be a Cowboy
(Lady's Chains)

Words and Music by
John Denver

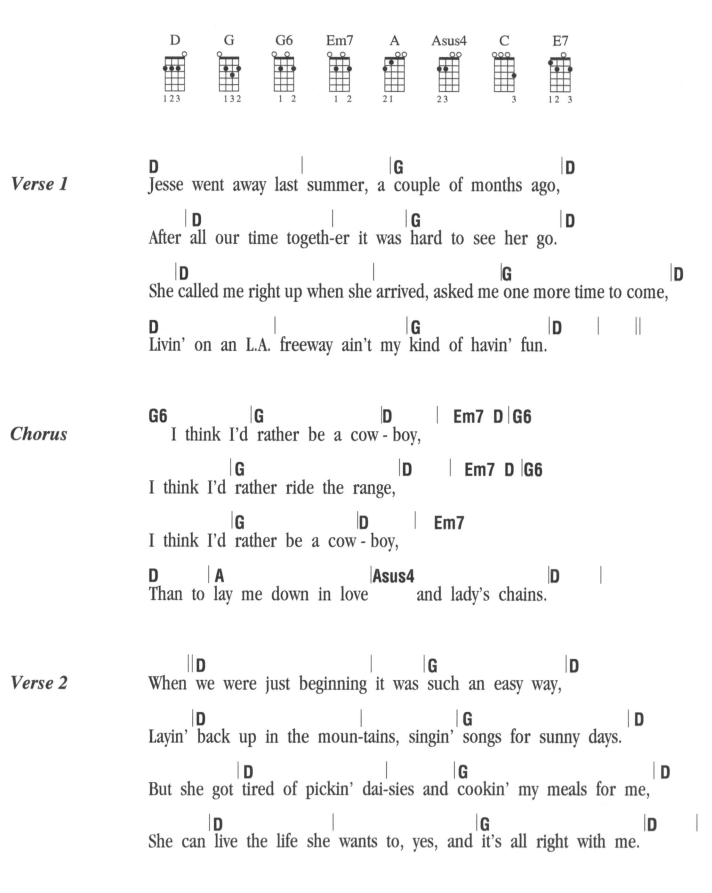

Verse 1

D | |G |D
Jesse went away last summer, a couple of months ago,

|D | |G |D
After all our time togeth-er it was hard to see her go.

|D | |G |D |
She called me right up when she arrived, asked me one more time to come,

D | |G |D | ||
Livin' on an L.A. freeway ain't my kind of havin' fun.

Chorus

G6 |G |D | Em7 D |G6
I think I'd rather be a cow-boy,

|G |D | Em7 D |G6
I think I'd rather ride the range,

|G |D | Em7
I think I'd rather be a cow-boy,

D |A |Asus4 |D |
Than to lay me down in love and lady's chains.

Verse 2

||D | |G |D
When we were just beginning it was such an easy way,

|D | |G |D
Layin' back up in the moun-tains, singin' songs for sunny days.

|D | |G |D
But she got tired of pickin' dai-sies and cookin' my meals for me,

|D | |G |D | ||
She can live the life she wants to, yes, and it's all right with me.

Repeat Chorus

Bridge

   A |Asus4 |G |D
I'd rather live   on the side of a mountain

      |A |Asus4 |G |D | |
Than wander through canyons of con - crete and steel.

   A |Asus4 D |G |D
I'd rather laugh   with the rain and sun-shine

      |C |G |E7 |A |Asus4 | |
And lay down my sundown in some starry field.

Verse 3

N.C.   ‖D | |G |D
Oh, but I miss her in the morn-in' when I awake alone

    |D | |G |D
And the absence of her laughter is a cold and empty sound.

    |D | |G |D
But her memory always makes me smile and I want you to know

|D | |G |D | ‖
I love her, yes, I love her just e-nough to let her go.

Repeat Chorus (2X)

I'm Sorry

Words and Music by
John Denver

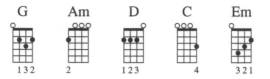

G   Am   D   C   Em

Verse 1

|G |
It's cold here in the cit - y;
   |Am |
It always seems that way.
        |D |
And I've   been thinking about   you
        |G | |
Almost every day.
G | |
Thinking about the good   times,
Am | |
Thinking about the rain,
D |
Thinking about how   bad it feels
   |G |
A - lone again.

Chorus 1

‖C |D |G |
I'm sorry for the way   things are in Chi - na.
   |C |D |G |
I'm sorry things ain't what they used to be.
   |C |D
But more than anything else,
   |G   D |Em   D |C   G |Am
I'm sorry for myself
        D |G |
'Cause you're not here   with me.

Verse 2

```
   ‖G                    |          |
Our friends ask all about   you.
   Am                    |
I say you're doing fine,
   |D          |              |G        |
And I expect to hear   from you almost anytime.
   |G              |          |
But they all know I'm cry - ing.
   Am              |          |
I can't sleep at night.
   D              |        |G        |
They all know I'm   dying down deep inside.
```

Chorus 2

```
   ‖C        |D          |G          |
I'm sorry for all the lies I told    you.
   |C        |D              |G        |
I'm sorry for the things I didn't say.
   |C              |D
But more than anything else,
   |G    D        |Em  D  |C  G  |Am
I'm sorry for myself.
   |D          |G        |        |
I can't believe you    went away.
   G    |    |Am    |    D    |    |G    |
Mm...
```

Chorus 3

```
   ‖C        |D              |G        |
I'm sorry if I took some things for grant - ed.
   |C        |D              |G        |
I'm sorry for the chains I put on you.
   |C              |D
But more than anything else,
   |G    D        |Em  D  |C  G  |Am
I'm sorry for myself
   D          |G        |        |
For living without   you.
   G    |    |Am    |    D    |    |G    |    |
Mm...
   G    |    |Am    |    D    |    |G    |    |    ‖
Mm...
```

It's About Time

Words and Music by
John Denver and Glen Hardin

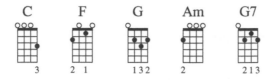

Verse 1

       |C |F |
There's a full moon over India and Gandhi lives again.

G   G7 |C   G
Who's to say you have to lose for someone else to win?

     |C |F
In the eyes of all the people the look is much the same,

     |G   G7 |C
For the first is just the last one when you play a deadly game.

Chorus 1

       ||F   G |C
It's about time we realize it, we're all in this together.

      |F   G |C
It's about time we find out it's all of us or none.

       |F   G |C   G   Am
It's about time we recognize it, these changes in the weather.

C |F   G7 |C
It's about time, it's about changes and it's about time.

Verse 2

       ||C |F
There's a light in the Vatican window for all the world to see,

     |G   G7 |C   G
And a voice cries in the wil - derness and some-times he speaks for me.

     |C |F
I sup-pose I love him most of all when he kneels to kiss the land,

     |G |C
With his lips upon our mother's breast he makes his strongest stand.

Chorus 2

  ‖**F**   **G** |**C**
It's about time we start to see it, the earth is our only home.

  |**F**   **G** |**C**
It's about time we start to face it, we can't make it here all alone.

    |**F**   **G** |**C**   **G**   **Am**
It's about time we start to lis-ten to the voices in   the wind.

C |**F**   **G7** |**C** |**Am G** |**F** |**C** |**G**
It's about time and it's about changes and it's about time.

Verse 3

    ‖**C** |**F**
There's a man who is my brother, I just don't know his name,

 |**G**   **G7** |**C**   **G**
But I know his home and fam - ily because I know we feel the same.

  |**C** |**F** |
And it hurts me when he's hungry and when his children cry.

G |**C**
I too am a father and that little one is mine.

Chorus 3

    ‖**F**   **G** |**C**
It's about time we begin it, to turn the world around.

 |**F**   **G** |**C**
It's about time we start to make it, the dream we've always known.

 |**F**   **G** |**C**   **G**   **Am**
It's about time we start to live it, the family   of man.

C |**F**   **G** |**C**
It's about time, it's about changes and it's about time.

 |**F**   **G** |**C**
It's about peace and it's about plenty and it's about time.

 |**F**   **G** |**C**   ‖
It's about you and me to-gether and it's about time.

Leaving on a Jet Plane

Words and Music by
John Denver

G   C   D

Verse 1

|G |C
All my bags are packed, I'm ready to go,

|G |C
I'm standing here out-side your door,

|G |C |D |
I hate to wake you up to say good-bye.

|G |C
But the dawn is breakin', it's early morn,

|G |C
The taxi's waitin', he's blowin' his horn,

|G |C |D |
Al-ready I'm so lonesome I could die.

Chorus

‖G |C |
So kiss me and smile for me,

G |C |
Tell me that you'll wait for me,

G |C |D |
Hold me like you'll never let me go.

|G |C |G
'Cause I'm leavin' on a jet plane,

|C |G
Don't know when I'll be back again.

|C |D | | |
Oh, babe, I hate to go.

Verse 2

||**G** |**C**
There's so many times I've let you down,

|**G** |**C**
So many times I've played around,

|**G** |**C** |**D** |
I tell you now they don't mean a thing.

|**G** |**C**
Every place I go I'll think of you,

|**G** |**C**
Every song I sing I'll sing for you,

|**G** |**C** |**D** |
When I come back I'll bring your wedding ring.

Repeat Chorus

Verse 3

G |**C** |
Now the time has come to leave you,

G |**C**
One more time let me kiss you,

|**G** |**C** |**D** | |
Then close your eyes, I'll be on my way.

G |**C**
Dream about the days to come

|**G** |**C**
When I won't have to leave alone,

|**G** |**C** |**D** | ||
A-bout the times I won't have to say:

Repeat Chorus

Outro

|**G** |**C** |**G**
I'm leavin' on a jet plane,

|**C** |**G**
Don't know when I'll be back again,

|**C** | |**D** | | | | |**G** ||
Oh, babe, I hate to go.

Love Again

Words and Music by
John Denver

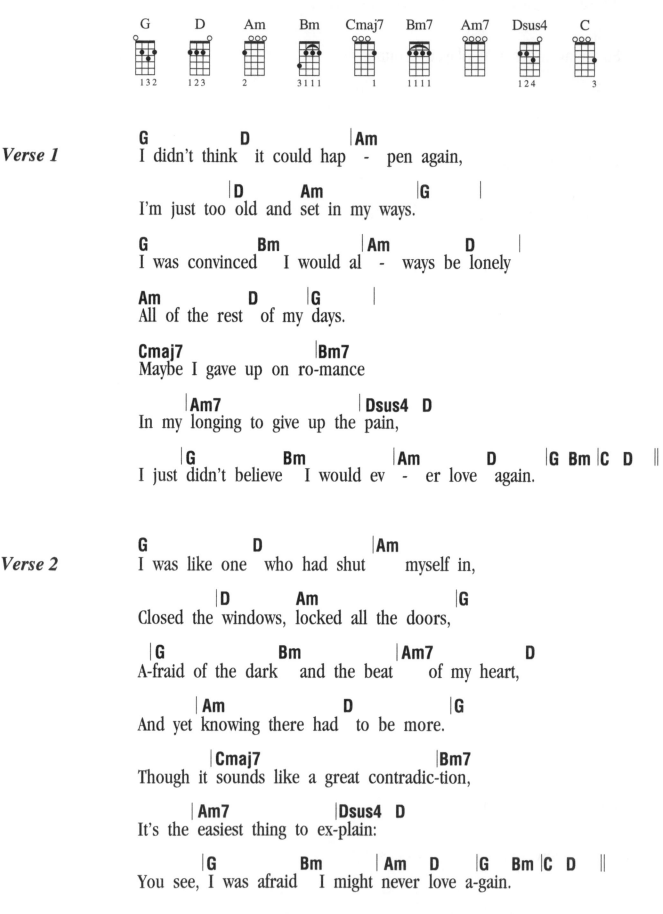

Verse 1

    G   **D**   **|Am**
I didn't think it could hap - pen again,

      |D   **Am**   **|G**   **|**
I'm just too old and set in my ways.

G   **Bm**   **|Am**   **D**   **|**
I was convinced I would al - ways be lonely

Am   **D**   **|G**   **|**
All of the rest of my days.

Cmaj7   **|Bm7**
Maybe I gave up on ro-mance

     |Am7   **|Dsus4** **D**
In my longing to give up the pain,

      |G   **Bm**   **|Am**   **D**   **|G Bm|C D ||**
I just didn't believe I would ev - er love again.

Verse 2

    G   **D**   **|Am**
I was like one who had shut   myself in,

    |D   **Am**   **|G**
Closed the windows, locked all the doors,

  |G   **Bm**   **|Am7**   **D**
A-fraid of the dark and the beat   of my heart,

    |Am   **D**   **|G**
And yet knowing there had to be more.

     |Cmaj7   **|Bm7**
Though it sounds like a great contradic-tion,

    |Am7   **|Dsus4** **D**
It's the easiest thing to ex-plain:

    |G   **Bm**   **|Am** **D** **|G Bm|C D ||**
You see, I was afraid I might never love a-gain.

Verse 3

```
G                    D          |Am
What does it take   for a blind   man to see

            |D                Am                |G        |
That there's more there than just meets the eye?

G              Bm          |Am              D
What are the ways   that the mag  -  ic comes in

         |Am            D          |G        |
That can turn a song in - to a sigh?

Cmaj7                           |Bm7
Sometimes I think that I'm dream-ing,

   |Am7                  |Dsus4   D
Or maybe I'm going in-sane,

   |G            Bm       |Am           D    |G  Bm|C   D   ||
Or maybe it's just   that I'm falling in love   again.
```

Outro

```
Cmaj7                  |Bm7
Here I am standing be-side you.

   |Am7                       |Dsus4   D |
Ah, life's such a wonderful game!

G              Bm   |Am          D |G   Bm|Am D  |
Look at me now,    I've fallen in love  a-gain.

G              Bm   |Am          D     |G  Bm |C  D  |G     ||
Look at me now,    I've fallen in love  again!
```

Matthew

Words and Music by
John Denver

Am   D7   G   C

2   1113   132   4

Intro-Verse

| ||**Am** | |**D7**
I had an un-cle, name of Matthew,

|**D7** |**G** | |
He was his father's only boy.

|**G** |**Am** | |**D7**
Born just south of Colby, Kansas,

|**D7** |**G**
He was his mother's pride and joy.

Chorus

||**G** |**C**   **G** |**Am** | |
Yes, and joy was just a thing that he was raised on.

D7 | |**G** | |
Love was just a way to live and die.

G |**C**   **G** |**Am** | |
Gold was just a windy Kan - sas wheat field.

D7 | |**G** | |
Blue was just the Kan-sas summer sky.

Verse 1

          |G ||Am | |D7
All the sto - ries that he told me

      |D7 |G | |
Back when I was just a lad.

    |G |Am | |D7
All the memories that he gave me,

     |D7 |G | |
All the good times that he had.

    |G |Am | |D7
Growin' up a Kansas farm boy

   |D7 |G | |
Life is mostly havin' fun,

     |G |Am | |D7
Ridin' on his daddy's shoulders

     |D7 |G
Behind a mule beneath the sun.

Repeat Chorus

Verse 2

       |G ||Am | |D7
Well, I guess there were some hard times

     |D7 |G | |
And I'm told some years were lean.

     |G |Am | |D7
They had a storm in 'forty-seven,

     |D7 |G | |
A twister came and stripped 'em clean.

     |G |Am | |D7
He lost the farm and lost his family,

     |D7 |G | |
He lost the wheat and lost his home,

     |G |Am | |D7
But he found the family bible,

     |D7 |G
A faith as solid as a stone.

Repeat Chorus

Verse 3

                      |G ||Am | |D7
And so he came to live at our house

         |D7 |G | |
And he came to work the land.

           |G |Am | |D7
He came to ease my daddy's burden

        |D7 |G | |
And he came to be my friend.

         |G |Am | |D7
And so I wrote this down for Matthew

          |D7 |G | |
And it's for him this song is sung,

       |G |Am | |D7
Ridin' on his daddy's shoulders

     |D7 |G
Behind a mule beneath the sun.

Repeat Chorus (2X)

Raven's Child

Words by Joe Henry and John Denver
Music by John Denver

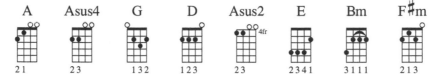

Verse 1

A |Asus4
Raven's child is chas - ing salvation,

A |Asus4 |A |Asus4
Black beak turned white from the crack and the snow.

   |A |Asus4
On the streets of despair the answer is simple,

|A   G |D |A   Asus4| A
A spoonful of mercy can set free the soul.

  |D
The drug king sits on his arrogant throne,

|D |A   Asus2| A
A-way and above and a-part.

D
Even children are twisted to serve him,

E |A   Asus4| |A Asus4| ||
Greed has corrupted what once was a heart.

Verse 2

```
A                    |Asus4            |
Raven's child keeps vig  -   il for freedom,

A                    |Asus4              |A      |Asus4
Trades for the arms that once  made her strong.

  |A                 |Asus4            |
With nuclear warheads and lasers in heaven,

A          G         |D          |A     Asus4|  A
Fear does the choosing be-tween right and wrong.

  |D                          |
The arms king sits on his arrogant throne,

  |D                 |A     Asus2|  A    |
A-way and above and a-part.

D                    |              |
Bankers assure him he needn't care,

E                         |        |A    Asus4|      |A  Asus4|      ||
Greed makes a stone of what once was a heart.
```

Verse 3

```
A                    |Asus4            |
Raven's child is wash  -   ing the water,

A                    |Asus4              |A     |Asus4      |
All her wing feathers blackened with tar.

A                    |Asus4
Prince William shoreline, an unwanted highway

  |A         G         |D   |A     Asus4|  A
Of asphalt and anger, an elegant scar.

     |D                 |
The oil king sits on his arrogant throne,

  |D                 |A     Asus2|  A    |
A-way and above and a-part.

D                          |
Lawyers have warned him he mustn't speak,

     |E                        |        |A     Asus4|  A    ||
And greed has made silent what once was a heart.
```

Bridge

Bm |E
Still there are walls that come tumbling down

    |A |F♯m |
For people who yearn to be free.

Bm |A
Still there are hearts that long to be opened

    |D |E | ||
And eyes that are longing to see.

Verse 4

A |Asus4 |
Raven's child is our constant companion,

A |Asus4 |A |Asus4 |
Sticks like a shadow to all   that is done.

A |Asus4
Try as we may we just can't escape him,

  |A   G |D |A   Asus4| A
The source of our sorrow and shame. We are one.

  |D |
The true King sits on a heavenly throne,

    |D |A   Asus2| A
Never a-way nor above nor a-part.

    |D |
With wisdom and mercy and constant compassion,

  |E | |A   Asus4| |A Asus4| ||
He lives in the love that lives in our hearts.

Outro

A |Asus4 |A Asus4| |
Raven's child is wash - ing the water.

A |Asus4 |A Asus4| |
Raven's child keeps vigil for freedom.

A |Asus4 |A Asus4| |
Raven's child, chas - ing salvation.

A |Asus4 |A Asus4| |A ||
Raven's child is our constant companion.

My Sweet Lady

Words and Music by
John Denver

Dmaj7	Em7	D	D6	Em

A	D7	G	Bm	Bm7

Verse 1

Dmaj7   **|Em7**
Lady, are you crying?

        |D   **Dmaj7** **|G** **Gm**
Do the tears be-long to me?

          |D   **Dmaj7** **|D6**   **D**   **|Em** **|A**   **|**
Did you think our time to-gether   was all gone?

Dmaj7   **|Em7**
Lady, you've been dreaming,

      |D   **Dmaj7** **|G** **Gm**
I'm as close as I   can be

     |Dmaj7   **|Em**   **A**   **|D** **|D7**   **||**
And I swear to you our time has just be-gun.

Chorus

G   **|A**   **|D** **|D7**
Close your eyes and rest your weary mind,

|G   **|A**   **|D**   **|D7**
I promise I will stay right here be-side you.

|G   **|A**   **|D**   **|**
To-day our lives were joined, became en-twined,

|Bm   **|Bm7**   **|Em** **|A** **||**
I wish that you could know how much I love you.

Verse 2

Dmaj7   **|Em7**
Lady, are you happy?

      |D   **Dmaj7** **|G** **Gm**
Do you feel the way   I do?

        |D   **Dmaj7**   **|D6** **D**   **|Em**   **|A**   **|**
Are there meanings that you've never   seen be-fore?

Dmaj7   **|Em7**
Lady, my sweet lady,

     |D   **Dmaj7**   **|G** **Gm**
I just can't be-lieve it's true,

       |Dmaj7   **|Em** **A**   **|D** **|D7**   **||**
And it's like   I've never ever loved be-fore.

Repeat Chorus

Verse 3

Dmaj7   **|Em7**
Lady, are you crying?

      |D   **Dmaj7** **|G** **Gm**
Do the tears be-long to me?

        |D   **Dmaj7** **|D6** **D**   **|Em**   **|A**   **|**
Did you think our time to-gether   was all gone?

Dmaj7   **|Em7**
Lady, my sweet lady,

     |D   **Dmaj7**   **|G** **Gm**
I'm as close as I   can be

       |Dmaj7   **|Em**   **A**   **|D**   **|**   **||**
And I swear to you our time has just be-gun.

Never a Doubt

Words and Music by
John Denver

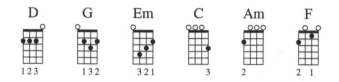

Verse 1

        D |G   Em
I suppose there have been times

         |C   D |G   Em
When you felt like a room full of dark-ness,

      |C   D
Not a win-dow around.

   |G   Em |C   D |G Em |C
There must have been mo-ments you felt you were truly alone.

D |G   Em |C   D |G   Em
Then again each of us knows, in a night of un-bearable sad-ness

        |C   D
Still a light can be found,

    |G   Em |C   D |G Em |C
In each morning the prom-ise that someday your true love will come.

Chorus

       D ||G   Em |C   D |G Em
There was never a doubt, never a doubt in my mind

        |C   D |
We weren't meant to be lone-ly,

G   Em |C   D |G Em |C
Never a doubt I knew that I'd find you someday.

      D |G   Em |C   D |G Em
There was never a doubt, after all of those nights all alone,

       |C   D |
All those des-perate morn-ings,

G   Em |C   D |G Em |C
Never a doubt, there was never a doubt in my mind.

Verse 2

D ‖G   Em
I suppose there are some peo - ple

      |C   D |G Em
Who nev - er believe in the mag - ic,

          |C   D
Oh, the mag - ic of love.

       |G   Em |C   D |G Em |C
They think nothing is pre - cious and life is just pleasure and pain.

D |G   Em |C   D |G Em
Then again each of us knows, when a heart has been broken it's trag - ic.

      |C   D
Oh, the mag - ic of love.

   |G   Em |C   D |G Em |C
Even that which is bro - ken with love can be mended again.

Interlude

‖Am |F
   All the things that you fear, at the most,

    |C | |Am
They mean nothing,

       |F |G |
All the sorrow and sadness can just disappear.

Outro-Chorus
F   G ‖C   Am |F   G |C Am
There was never a doubt, never a doubt in my mind

           |F   G |
We weren't meant to be lone - ly,

C   Am |F   G |C Am |F
Never a doubt I knew that I'd find you someday.

      G |C   Am |F   G |C Am
There was never a doubt, after all of those nights all a-lone,

      |F   G |
All those des - perate morn - ings,

C   Am |F   G |C   Am
Never a doubt, there was never a doubt in my mind.

      |F   G |C   Am
There was never a doubt in my mind.

      |F   G |C   Am |F G |C ‖
There was never a doubt in my mind.

Perhaps Love

Words and Music by
John Denver

G   Em   C   D   Am   Bm   D7

Verse 1

|**G**   **Em**
Perhaps love is like a resting place,

|**C**   **D**
A shelter from the storm.

|**G**   **Em**
It ex-ists to give you com - fort,

|**Am**   **D**
It is there to keep you warm.

|**Bm**   **Em**
And in those times of trou - ble

|**C**   **D**
When you are most alone,

|**Am**   **D** |**G** **D7**
The memory of love will bring you home.

Verse 2

‖**G**   **Em**
Perhaps love is like a win-dow,

|**C**   **D**
Per-haps an open door.

|**G**   **Em**
It in-vites you to come clos - er,

|**Am**   **D**
It wants to show you more.

|**Bm**   **Em**
And even if you lose yourself

|**C**   **D**
And don't know what to do,

|**Am**   **D** |**G**
The memory of love will see you through.

Interlude

```
  ‖Bm              Em
Oh, love to some is like a cloud,

  |C            D    G
To some as strong   as steel,

  |Bm              Em
For some a way of living,

   |C           D   G
For some a way   to feel.

   |Bm                 Em
And some say love is holding on,

   |C           D      G
And some say letting go,

   |Bm                Em
And some say love is everything,

   |Am               D    |
And some say they don't know.
```

Verse 3

```
        ‖ G                Em
Perhaps love is like the o-cean,

        |C              D
Full of conflict, full of change,

        |G                 Em
Like a fire when it's cold   outside

   |Am                 D
Or thunder when it rains.

   |Bm                 Em
If I   should live for-ever

   |C                 D
And all my dreams come true,

   |Am        D         |G       ‖
My memories of love will be of you.
```

Poems, Prayers and Promises

Words and Music by
John Denver

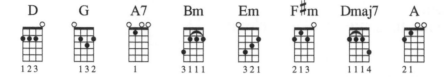

Verse 1

D |**G**   **D** |
I've been lately thinking about my life's time,

D |**G**
All the things I've done and how it's been.

|**D** |**G**   **D**
And I can't help believing in my own mind,

|**D** |**G**
I know I'm gonna hate to see it end.

|**D** |**G**   **D** |
I've seen a lot of sunshine, slept out in the rain,

D |**G**
Spent a night or two all on my own.

|**D** |**G**   **D** |
I've known my lady's pleasures, had myself some friends,

D |**G**
Spent a time or two in my own home.

Chorus

G   **A7**   **|D**   **G**
I have to say it now, it's been a good life all in all.

     |D   **Bm**   **|Em A7**
It's really fine to have a chance to hang around

  |G   **A7** **|D**   **G**
And lie there by the fire and watch the evening tire,

     |D   **Bm**   **|Em**   **A7**
While all my friends and my old la - dy sit and pass a pipe around,

     |G   **F♯m**   **|G**   **D**
And talk of poems and prayers and promises and things that we be-lieve in.

   |D   **Dmaj7**   **|G**   **A**
How sweet it is to love someone, how right it is to care.

   |G   **F♯m**   **|Em**   **D**
How long it's been since yes - terday, what about to-morrow

  |D   **Dmaj7**   **|G**   **A** **|** **|D** **| G D**
And what about our dreams and all the memories we share?

Verse 2

 ‖D   **|G**   **D** **|**
The days they pass so quickly now, the nights are seldom long.

D   **|G**
Time around me whispers when it's cold.

 |D   **|G**   **D**
The changes somehow frighten me, still I have to smile.

 |D   **|G**
It turns me on to think of growing old.

 |D   **|G**   **D**
For though my life's been good to me, there's still so much to do,

 |D   **|G**
So many things my mind has never known.

 |D   **|G**   **D**
I'd like to raise a family, I'd like to sail away

 |D   **|G**
And dance across the mountains on the moon.

Repeat Chorus

Prisoners
(Hard Life, Hard Times)

Words and Music by
John Denver

D   G

Verse 1

D
Josie works a counter at the down-town five and dime,
　　　　　　G　　　　　　　　　　　　　　　　　D
Anything   at all to help her pass the time.
　　　　D
Her mama keeps the baby and grandpa rambles on
　　　　　G　　　　　　　　　　　　　　　　D
About the good times a playin' in his mind.

Chorus 1

　　　　　　　G　　　　　　　　　　　　　D
It's a hard   life livin' when you're lone - ly,
　　　　　　G　　　　　　　　　　　D
It's a long   night sleepin' alone,
　　　　　　G　　　　　　　　　　　　D
It's a hard   time waiting for tomor - row,
　　　　　G　　　　　　　　D　　　　G　　D
It's a long,   long way home.

Verse 2

D
Josie spends the evening with the peo-ple on the pages
　　　　　G　　　　　　　　　　　　　　　　　　　D
Of the pa - perback she picked up at the store.
　　　　D
Well, sometimes it's the TV, she'll try to write a letter,
G　　　　　　　　　　　　　　　　　D
They don't come too often anymore.

Chorus 2

‖**G** |**D**
It's a hard   life livin' when you're lone - ly,

|**G** |**D**
It's a long   night sleepin' alone,

|**G** |**D**
It's a hard   time waiting for tomor - row,

|**G** |**D** | | |**G**
It's a long,   long way home.

Bridge

‖**D** |**G** |
I stare at the gray walls before   me,

D |**G**
I see her face in the dawn.

|**D** |**G**
I try to imagine our ba - by,

|**D** |**G**
I wish they would let me go home,

|**D** |**G** |**D**
I wish they would let me go home.

Outro-Chorus

‖**G** |**D**
It's a hard   life livin' when you're lone - ly,

|**G** |**D**
It's a long   night sleepin' alone,

|**G** |**D**
It's a hard   time waiting for tomor - row,

|**G** |**D**
It's a long,   long way home.

|**G** |**D**
It's a long,   long way home.

|**G** |**D**
Bring me and the other boys home,

|**G** |**D** | ‖
Bring me and the other boys home.

Rhymes and Reasons

Words and Music by
John Denver

G · D · C · Em · Bm · Am
(chord diagrams: 132, 123, 3, 321, 3111, 2)

Verse 1

|G |D |C |G |
So you speak to me of sad - ness and the coming of the winter,

Em |Bm |C |D
Fear that is within   you now that seems to never end,

|G |D |C |G
And the dreams that have escaped you and a hope that you've for-gotten,

|Em |G |D |
And you tell me that you need me now and you want to be my friend.

|C | |G |D
And you wonder where we're going, where's the rhyme and where's the rea - son.

|Em |G |D |
And it's you cannot accept it is here we must begin

|Am | | |
To seek the wis - dom of the chil-dren

|G |C |D |
And the graceful way of flow - ers in the wind.

|G |D |C |G
For the children and the flowers are my sisters and my brothers,

|Em |Bm |C |D
Their laughter and their loveliness would clear a cloudy day.

|G |D |C |G
Like the music of the mountains and the colors of the rainbow,

|Em |G |D |G |Am |D |
They're a promise of the future and a blessing for to-day.

Verse 2

‖G |D |C |G
Though the cities start to crum - ble and the towers fall a-round us,

|Em |Bm |C |D
The sun is slowly fad - ing and it's colder than the sea.

|G |D |C |G
It is written: From the des - ert to the mountains they shall lead us

|Em |G |D |
By the hand and by the heart and they will comfort you and me

|C | |G |D |
In their innocence and trusting, they will teach us to be free.

Em |G |D | |Am | | |G |C |D |

|G |D |C |G
For the children and the flowers are my sisters and my brothers,

|Em |Bm |C |D
Their laughter and their loveliness would clear a cloudy day.

|G |D |C |G |
And the song that I am singing is a prayer to nonbe-lievers.

Em |G |D |C | |
Come and stand be-side us, we can find a better way.

G | |C | |D | |G   ‖

Rocky Mountain High

Words and Music by
John Denver and Mike Taylor

A   D   Em7   C   G   Dmaj7

Verse 1

A |D |Em7 |C   A
He was born in the sum-mer of his twenty-seventh year,

|D |Em7 |G A
Comin' home to a place he'd never been before.

|D |Em7 |C A
He left yesterday behind him, you might say he was born again,

|D |Em7 |G A
You might say he found a key for every door.

Verse 2

‖D |Em7 |C
When he first came to the moun-tains his life was far away,

A |D |Em7 |G A
On the road and hangin' by a song.

|D |Em7 |C A
But the string's already bro-ken and he doesn't really care,

|D |Em7 |G A
It keeps changin' fast, and it don't last for long.

Chorus 1

‖G |A |D |
But the Colorado Rocky Mountain high,

G |A |D |
I've|seen it rainin' fire in the sky.

|G |A |D   Em7 Dmaj7 |G | | |
The shadow from the star - light is softer than a lull - a - by.

|D | |Em7 |G
Rocky Mountain high,

A |D | |Em7 |G A
Rocky Mountain high.

Verse 3

```
        ‖D                        |Em7                |C  A
He climbed    Cathedral Moun-tains, he saw silver clouds below,

        |D                        |Em7        |G  A
He saw everything as far as you can see.

        |D                        |Em7                    |C  A
And they say that he got cra-zy once and he tried to touch the sun,

       |D                         |Em7    |G  A
And he lost a friend but kept his memory.
```

Verse 4

```
        ‖D                        |Em7              |C
Now he walks in quiet sol-itude the forests and the streams,

A      |D         |               |Em7      |G  A
Seeking grace in every step he takes.

         |D                       |Em7            |C  A
His sight  has turned inside himself to try  and understand

        |D         |                  |Em7    |G  A
The se-renity of a clear blue mountain lake.
```

Chorus 2

```
           ‖G         |A             |D         |
And the Colorado Rocky Mountain high,

    |G            |A         |D    |   |G
I've seen it rainin' fire   in the sky.

             |A           |D  Em7 Dmaj7 |G   |   |   |
Talk to God and listen to the cas-ual      re -  ply.

             |D    |    |Em7    |G
Rocky Mountain high,

     A           |D    |   |Em7    |G  A
Rocky Mountain high.
```

Verse 5

    ‖**D** | |**Em7** |**C** **A**
Now his life is full of won-der but his heart still knows some fear

    |**D** | |**Em7** |**G** **A**
Of a simple thing he cannot compre-hend:

      |**D** | |**Em7** |**C** **A**
Why they try to tear the moun-tains down to bring in a couple more

    |**D** | |**Em7** |**G** **A**
More people, more scars upon the land.

Chorus 3

      ‖**G** |**A** |**D** |
And the Colorado Rocky Mountain high,

    |**G** |**A** |**D** |
I've seen it rainin' fire in the sky.

   |**G** |**A** |**D**   **Em7 Dmaj7**|**G** | | |
I know he'd be a poor - er man if he never saw an ea - gle   fly.

         |**D** | **Em7** |**G**
Rocky Mountain high,

      A |**D** |
Rocky Mountain high.

Outro-Chorus

     ‖**G** |**A** |**D** |
It's a Colorado Rock - y Mountain high,

   |**G** |**A** |**D** | |
I've seen it rainin' fire in the sky.

G |**A** |**D**   **Em7 D**|**G** | | |
Friends around the camp - fire and everybod - y's high.

         |**D** | **Em7** |**G**
Rocky Mountain high,

      A |**D** | **Em7** |**G**
Rocky Mountain high,

      A |**D** | **Em7** |**G**
Rocky Mountain high,

      A |**D** | ‖
Rocky Mountain high.

Shanghai Breezes

Words and Music by
John Denver

D   A   F♯m   G   Bm   Em   A7

Verse 1

|D   A |F♯m   G
It's funny how you sound as if you're right next door

  |D   Bm |Em A7
When you're really half a world away.

|D   A |F♯m   G
I just can't seem to find the words I'm looking for,

 |D   Bm |Em A7
To say the things that I want to say.

Verse 2

‖D   A |F♯m   G
I can't remember when I felt so close to you,

 |D   Bm |Em A7 |
It's almost more than I can bear.

D   A |F♯m   G
Though I seem a half a million miles from you,

 |D   Bm |Em A7
You are in my heart and living there.

Chorus 1

 ‖D   G |D   Bm
And the moon and the stars are the same ones you see,

 |Em   A7 |D A7
It's the same old sun up in the sky.

 |D   G |D   Bm
And your voice in my ear is like heav - en to me,

 |Em   A7 |D |Em F♯m |G A7
Like the breezes here in old Shanghai.

Verse 3

    ‖**D**   **A**   **|F♯m**   **G**
There are lovers who walk hand in hand   in the park

    |**D**   **Bm**   **|Em A7**
And lovers who walk   all alone.

     |**D**   **A**   **|F♯m**   **G**
There are lovers who lie unafraid   in the dark

    |**D**   **Bm** **|Em**   **A7**
And lovers who long   for home.

Verse 4

   ‖**D**   **A**   **|F♯m**   **G**
I couldn't leave you even if I wanted to,

    |**D**   **Bm**   **|Em A7**
You're in my dreams and always near.

    |**D**   **A**   **|F♯m**   **G**
And es-pecially when I sing the songs I wrote for you,

    |**D**   **Bm**   **|Em A7**
You are in my heart and living there.

Chorus 2

    ‖**D**   **G**   **|D**   **Bm**
And the moon and the stars are the same ones you see,

    |**Em**   **A7**   **|D A7**
It's the same old sun up in the sky.

    |**D**   **G**   **|D**   **Bm**
And your face in my dreams is like heav - en to me,

    |**Em**   **A7**   **|D**   ‖
Like the breezes here in old Shanghai.

Interlude

Em   **|F♯m**   **Bm** |
Shanghai breezes, cool and clear-ing,

G   **A7**   **|D** |
Evening's sweet   caress.

Em   **|F♯m**   **D**
Shanghai breezes, soft and gen - tle,

 |G   **Em** | **A7**
Re-mind me of   your ten-derness.

Chorus 3

    ‖D   **G**   **|D**   **Bm**
And the moon and the stars are the same ones you see,

 |Em   **A7**   **|D A7**
It's the same old sun up in the sky.

   |D   **G**   **|D**   **Bm**
And your love in my life is like heav - en to me,

 | Em   **A7**   **|D A7**
Like the breezes here in old Shanghai.

Outro-Chorus

    ‖D   **G**   **|D**   **Bm**
And the moon and the stars are the same ones you see,

 |Em   **A7**   **|D A7**
It's the same old sun up in the sky.

   |D   **G**   **|D**   **Bm**
And your love in my life is like heav - en to me,

 | Em   **A7**   **|D**
Like the breezes here in old Shanghai.

   | Em   **A7**   **|D**   **‖**
Just like the breezes here in old Shang-hai.

Seasons of the Heart

Words and Music by
John Denver

C   F   G   C7

Verse 1

|C |F
Of course we have our differences, you shouldn't be surprised,

|G |C
It's as natural as changes in the seasons and the skies.

|C |F
Some-times we grow together, some-times we drift apart.

|G |C
A wiser man than I might know the seasons of the heart.

|C |F
And I'm walking here beside you in the early evening chill,

|G |C
A thing we've always loved to do, I know we always will.

|C |F
We have so much in common, so many things we share,

|G |C |C7
That I can't believe my heart when it im-plies that you're not there. ‖

Chorus 1

F   G |C |
Love is why I came here in the first place,

F   G |C |
Love is now the reason I must go.

F   G |C |
Love is all I ever hoped to find here,

F   G |C |F |C |G
Love is still the only dream I know.

         ||C |F
Verse 2 And so I don't know how to tell you, it's difficult to say,

 |G |C
I never in my wildest dreams i-magined it this way.

  |C |F
Some-times I just don't know you, there's a stranger in our home.

   |G |C
When I'm lying right beside you is when I'm most alone.

  |C |F
And I think my heart is broken, there's an emptiness inside.

 |G |C
So many things I've longed for have so often been denied.

  |C |F
Still I, I wouldn't try to change you, there's no one that's to blame,

 |G |C |C7 ||
It's just some things that mean so much, we just don't feel the same.

F   G |C |
Chorus 2 Love is why I came here in the first place,

F   G |C |
Love is now the reason I must go.

F   G |C |
Love is all I ever hoped to find here,

F   G |C
Love is still the only dream I know.

 |F |G |C |F |C | ||
True love is still the only dream I know.

A Song for All Lovers

Words and Music by
John Denver

A   D   G   Bm   F#m

Chorus

|**A** | | | |**D** | |

I see them dancing   some-where in the moonlight,

|**D** |**A** | | | |**D** | | |

Somewhere in Alas - ka,   some-where in the sun.

D |**A** | || |**D** | |

I hear them sing - ing   a song for all lovers,

|**D** |**A** | | |**D** | |

A song for the two hearts beating only as one.

Verse 1

|**D** ||**A** | | |**D** | |

I-magine the morn - ing,   no long-er a-lone,

|**D** |**A** | || |**D** | |

The arms of an-other,   a place to belong.

|**D** |**G** | |**A** |**D** | |

No longer the strug - gle,   no longer the night,

|**D** |**A** | | |**D** | |

And ever becom - ing   in the quickening light.

Verse 2

|D ||A | | | |D | |
To see in the dark - ness,   to lis-ten with-in,

|D |A | | | |D | |
To answer in kindness,   to ever begin.

|D |G | |A | |D | |
To ever be gen - tle,   to always be strong,

|D |A | || |D | |
To walk in the won - der,   to live in the song.

Interlude

|D ||Bm | |G |A |D | |
In a place of enchant - ment   where the wild things are known.

|D |F♯m | A | |D | |
Will the future remem - ber   when the lovers are gone?

|D |G | |A | |D | |
To ever be gen - tle,   to always be strong,

|D |A | || |D | | |
To walk in the won - der,   to live in the song.

Repeat Chorus

Outro

|D |A | |
A song for the two hearts

|A |D | | | | | | ||
Beating only as one.

Sunshine on My Shoulders

Words by John Denver
Music by John Denver, Mike Taylor and Dick Kniss

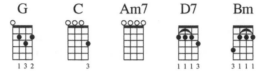

Chorus

G   C |G C |G C |G C |
Sunshine on my shoulders makes me happy,

G   C |G C |Am7 |D7 |
Sunshine in my eyes can make me cry.

G   C |G C |G C |G C |
Sunshine on the water looks so lovely,

G   C |G C |G C |G C ||
Sunshine almost always makes me high.

Verse 1

G Am7 |Bm C |G Am7 |Bm C
If I had a day that I could give you,

 |G Am7 |Bm C |Am7 |D7 |
I'd give to you a day just like to-day.

G Am7 |Bm C |G   Am7 |Bm C
If I had a song that I could sing for you,

 |G Am7 |Bm C |G Am7 |Bm C ||
I'd sing a song to make you feel this way.

Repeat Chorus

Verse 2

```
        G   Am7  |Bm  C              |G      Am7 |Bm  C
        If I had a tale  that I could tell you,

         |G       Am7 |Bm  C           |Am7  |D7      |
        I'd tell a tale     sure to make you smile.

        G      Am7 |Bm  C            |G          Am7 |Bm  C
        If I had    a wish  that I could wish for you,

         |G        Am7   |Bm      C     |G  Am7 |Bm  C  ‖
        I'd make a wish     for sunshine all the while.
```

Repeat Chorus

Outro

```
        G    C     |G       C         |G  Am7 |Bm  C  |
        Sunshine almost all the time  makes me high.

        G     C     |G       C |G Am7 |Bm  C  G     ‖
        Sunshine almost always...
```

Take Me Home, Country Roads

Words and Music by
John Denver, Bill Danoff and Taffy Nivert

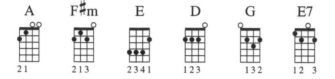

Verse 1

A | |F#m | |E

Almost heaven, West Virgin-ia,

|E |D |A | |

Blue Ridge Mountains, Shenandoah River.

A | |F#m | |

Life is old there, older than the trees,

E | |D |A

Younger than the mountains, growin' like a breeze.

Chorus

||A | |E |

Country roads, take me home

|F#m | |D |

To the place I be-long:

|A | |E |

West Vir-ginia, mountain momma,

|D | |A | ||

Take me home, country roads.

Verse 2
    A | |**F♯m** | **E**
    All my memories   gather 'round her,

      |E **|D**   **|A** | |
    Miner's lady, stranger to blue water.

    A | |**F♯m** | |
    Dark and dusty, painted on the sky,

    E | **|D**   **|A**
    Misty taste of moonshine, teardrop in my eye.

Repeat Chorus

Interlude   **F♯m**   **|E**   **|A** |
        I hear her voice, in the mornin' hour she calls me,

    |D   **|A**   **|E** |
    The radio re-minds me of my home far a-way,

    |F♯m   **|G**   **|D**
    And drivin' down the road I get a feelin'

     |A   **|E** | **|E7** |
    That I should have been home yesterday, yester-day.

Outro-Chorus   **‖A** | **|E** |
Country roads, take me home

    |F♯m| **|D** |
    To the place I be-long:

     |A | **|E** |
    West Vir-ginia, mountain momma,

     |D | **|A** |
    Take me home, country roads.

     |E | **|A** |
    Take me home, country roads,

     |E | **|A** | ‖
    Take me home, country roads.

Thank God I'm a Country Boy

Words and Music by
John Martin Sommers

A   D   G   E   F#m

Verse 1

 |A | D
Well, life on a farm is kinda laid back.

 |A |G   D
Ain't much an old country boy like me can't hack.

 |A | D
It's early to rise,   early in the sack.

 |A   E |A
Thank God I'm a country boy.

 |A | D |
A simple kinda life never did me no harm,

A |G   D
Raisin' me a family and workin' on a farm.

 |A | D
My days are all filled with an easy country charm.

 |A   E |A
Thank God I'm a country boy.

Chorus

 ||E |A
Well, I got me a fine wife, I got me old fiddle.

 |E |A
When the sun's comin' up I got cakes on the griddle.

 |A   F#m |E   D
And life ain't nothin' but a funny, funny, riddle.

 |A   E |A
Thank God I'm a country boy.

Verse 2

   ‖**A** | **D**
When the work's all done and the sun's settin' low,

 |**A** |**G**   **D**
I pull out my fiddle and I rosin up the bow.

    |**A** | **D**
But the kids are asleep so I keep it kinda low.

    |**A**   **E** |**A**
Thank God I'm a country boy.

  |**A** | **D**
I'd play "Sally Goodin'" all   day if I could,

   |**A** |**G**   **D**
But the Lord and my wife wouldn't take it very good.

  |**A** | **D**
So I fiddle when I can and I work when I should.

  |**A**   **E** |**A**
Thank God I'm a country boy.

Repeat Chorus

Verse 3

   ‖**A** | **D**
Well, I wouldn't trade my life for diamonds or jewels.

 |**A** |**G**   **D**
I never was one of them money - hungry fools.

  |**A** | **D**
I'd rather have my fiddle and my farmin' tools.

   |**A**   **E** |**A**
Thank God I'm a country boy.

   |**A** | **D**
Yeah, city folk drivin' in a black limou - sine;

 |**A** |**G**   **D**
A lotta sad people thinkin' that's mighty keen.

   |**A** | **D**
Well, folks, let me tell you now ex - actly what I mean:

   |**A**   **E** |**A**
I thank God I'm a country boy.

Repeat Chorus

Verse 4

        ‖**A** | **D**
Well, my fiddle was my daddy's till the day he died,

     |**A** |**G**   **D**
And he took me by the hand and held me close to his side.

     |**A** | **D**
He said, "Live a good life and play my fiddle with pride

      |**A**   **E** |**A**
And thank God you're a country boy."

   |**A** | **D**
My daddy taught me young how to hunt and how too whittle.

  |**A** |**G**   **D**
He taught me how to work and play a tune on the fiddle.

  |**A** | **D**
He taught me how to love and how to give just a little.

   |**A**   **E** |**A**
Thank God I'm a country boy.

Repeat Chorus

To the Wild Country

Words and Music by
John Denver

D   G   Em   A7sus4   A7

Verse 1

|D |G   D
There are times I fear I lose myself,

|G   Em |D
I don't know who   I am,

|G   Em |D   G |A7sus4 |A7
I get caught up in   the strug - gle and the strain.

|D |G   D
With my back against a stone   wall,

|G |D
My finger in the dam,

|G   Em |D   G |A7sus4 |A7
I'm losin' strength   and goin' down again.

Verse 2

‖D |G   D
When I take a look around   me,

|G |D
My eyes can't find the sun,

|G   Em |D   G |A7sus4 |A7
There's nothin' wild   as far as I can see.

|D |G   D
Then my heart turns to Alas - ka

|G |D |
And freedom on the run,

G   Em |D   G |A7sus4 |A7
I can hear   her spirit calling me.

Chorus 1

```
G     ‖Em    D    |G Em          |D
To the moun-tains,   I   can  rest  there.
```

```
G     |Em  D  |G Em                |A7
To the riv - ers,    I   will  be  strong.
```

```
G     |Em  D  |G Em         |D
To the for - ests,    I'll  find  peace  there.
```

```
G     |Em  D  |G  Em |A7              |D      |G   D
To the wild  coun-try,        where  I  be-long.
```


Verse 3

```
            ‖D               |G    D
Oh,  I  know   sometimes  I  wor-ry
```

```
 |G              Em              |D
On worldly  ways     and  means.
```

```
 |G          Em        |D     G        |A7sus4    |A7
And  I  can  see    the  fu - ture  killing  me
```

```
 |D               |G     D
On  a  misbegotten  high  -  way
```

```
 |G                          |D
Of  prophesies  and  dreams,
```

```
 |G          Em        |D    G      |A7sus4    |A7
A  road  to  no - where  and  e-ternity.
```

Verse 4

    ‖D |G   D
And I know it's just chang - es

   |G |D |
And mankind marchin' on,

G   Em |D   G |A7sus4 |A7
I know we can't live in yesterday.

    |D |G   D
But com-pared to what we're los - in'

   |G |D
And what it means to me,

   |G   Em |D   G |A7sus4 |A7
I'd give my life   and throw the rest a-way.

Chorus 2

G ‖Em D |G Em |D
To the moun-tains,   I can rest there.

G |Em D |G Em |A7
To the riv-ers,   I will be strong.

G |Em D |G Em |D
To the for-ests,   I'll find peace there.

G |Em D |G Em|A7 |D
To the wild coun-try,   I be-long.

G |Em D |G Em|A7 |D |G D |G Em |D   ‖
To the wild coun-try,   where I be-long.

This Old Guitar

Words and Music by
John Denver

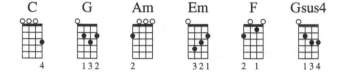

Verse 1

|C |G |Am |Em |F

This old guitar taught me to sing   a love   song,

                                |Gsus4   G |C G |Am C

It showed me how to laugh   and how to cry.

   |F |G |C   G |Am C

It intro-duced me to some friends   of mine and brightened up some days

   |F |Gsus4   G |C   G |Am C

And it helped me make it through   some lonely nights.

   |F |Gsus4 G |C G |Am C |F |Gsus4 G ||

What a friend to have on a cold and lonely night.

Verse 2

|C |G |Am |Em

This old guitar gave me my love - ly la - dy,

  |F |Gsus4   G |C G |Am C

It opened up her eyes   and ears to me.

  |F |G |C   G |Am C

It brought us close togeth-er and I guess it broke her heart,

  |F |G |C G |Am C

It opened up the space for us to be.

  |F |Gsus4   G |C G |Am C |F |Gsus4 G ||

What a lovely place and a lovely space to be.

Verse 3

```
            C                  |G                      |Am          |Em          |
             This old guitar   gave me my life,        my liv - ing,

            F                              |Gsus4   G      |C  G |Am  C
            All the things you know          I love to do,

             |F             |G                    |C       G            |Am  C
            To serenade the stars that shine from a sunny mountainside

             |F             |G                 |C  G |Am  C  |F
            And most of all to sing   my songs for you.

             |Gsus4             G      |C
            I love to sing    my songs   for you.

            G       |Am              C    |F
            Yes, I do,     you know,

                     |Gsus4  G       |C  G |Am  C  |F    |Gsus4  G  |C          ||
            And I love to sing    my songs for you.
```

Whispering Jesse

Words and Music by
John Denver

G   A   Bm   D   Asus4

1 3 2   2 1   3 1 1 1   1 2 3   2 3

Verse 1

|G A |Bm G |D |G
I often have wan-dered   in deep contempla - tion,

  A |Bm A |G |Asus4 |A
It seems that the mind runs wild when you're all a-lone.

  G |D |G
The way that it could be,

  A |D |G
The way that it should be,

A |Bm A |G A |D |
Things I'd do dif - f'rent-ly if I could do them a-gain.

Verse 2

‖G A |Bm G |D |G
I've always loved spring-time,   the passing of win - ter,

  A |Bm A |G |Asus4 |A
The green of the new leaves and life goin' on.

  G |D |G
The promise of morning,

  A |D |G
The long days of summer,

A |Bm A |G A |D |
Warm nights of lov - ing her be-neath the bright stars.

Verse 3

           ‖**G**   **A** |**Bm**   **G** |**D** |**G**
I'm just an old cow-boy   from high Colora - do,

A |**Bm A** |**G** |**Asus4** |**A**
Too old to ride any-more, too blind to see.

  G |**D** |**G**
I sleep in the city now,

    A |**D** |**G**
A-way from my mountains,

    A |**Bm A**|**G A** |**D** | ‖
A-way from the cab - in we always called home.

Bridge

G A |**D** |**G**
  I dreamed I left there

      A |**D** |**G**
On an old Palo-mino,

A |**Bm A**|**G** |**A**   **Asus4**|**A**
Whispering Jes - se rode right by my side.

       |**D** |**G**
I long to hold her,

    A |**D** |**G**
To hear her soft breathing,

    A |**Bm A** |**G**   **A** |**D** | ‖
The touch of her cool hands on my fevered brow.

Outro   **G A**|**D** |**G A**|**D** |**G A**|**Bm G**|**A Asus4**|**A**

             |**D** |**G**   **A** |**D** |**G**
Whispering Jesse still rides in the mountains,

      A |**D** |**G**
Still sings in the canyons,

    A |**D** | ‖
Still lives in my heart.

Windsong

Words and Music by
John Denver and Joe Henry

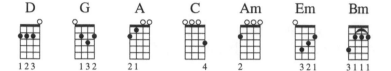

Verse 1

|D |
The wind is the whisper of our mother the earth,

|D |G
The wind is the hand of our father the sky.

|G |
The wind watches over our struggles and pleasures,

|G | |D |A
The wind is the goddess who first learned to fly.

Verse 2

‖D |
The wind is the bearer of bad and good tidings,

|D |G
The weaver of darkness, the bringer of dawn.

|G |
The wind gives the rain, then builds us a rainbow,

|G | |C
The wind is the singer who sang the first song.

Bridge

    ‖**Am** |**D**
The wind is a twister of   anger and warning,

    |**G**   **Em** |**C**   **Am**
The wind brings the fragrance of freshly mown hay.

    |**C** |**D**
The wind is a racer and a white stallion running,

        |**C** **G**   **Am** **G** |**D** **Bm** |**A** |
And the sweet taste of love on a slow summer's day.

Verse 3

    ‖**D** |
The wind knows the songs of the cities and canyons,

    |**D** | |**G**
The thunder of mountains, the roar of the sea.

    |**G** |
The wind is the taker and giver of mornings,

    |**G** | |**D** |**A**
The wind is the symbol of all that is free.

Verse 4

    ‖**D** | |
So welcome the wind and the wisdom she offers,

D | |**G**
Follow her summons when she calls a-gain.

    |**G** | |
In your heart and your spirit let the breezes surround you,

G | |**C**
Lift up your voice then and sing with the wind.

Outro

    ‖**Am** |**D** |
La, la, la, la, la, la, la, la, la, la, la, la, la, la.

C **G**   **Am** **G** |**D** **Bm** |**A** | |**D** ‖
Dee, dee, dee, dee,   dee, dee, dee,   ooo.

Wild Montana Skies

Words and Music by
John Denver

D   G   A

Verse 1

|D |G |D |
He was born in the Bitterroot Valley in the early mornin' rain,

D |A
Wild geese over the wa-ter headin' north and home again,

|D |G |D
Bringin' a warm   wind from the south, bringin' the first   taste of the spring,

|D |A |D |
His mother took him to her breast and softly she did sing:

Chorus 1

||G |A |D |
Oh, oh, Mon-tana, give this child a home,

|G |A |D |
Give him the love   of a good family and a woman of his own,

|G |A |D |G
Give him a fire in his heart, give him a light   in his eyes,

|D |A | |D | |G A D
Give him the wild   wind for a broth-er and the wild Montana skies.

Verse 2

||D | |G |D
His mother died that summer, he never learned to cry.

|D | | |A
He never knew his fa-ther, he never did ask why.

|D | |G |D
And he never knew the an-swers that would make an easy way,

|D | |A |D |
But he learned to know the wil-derness and to be a man that way.

Verse 3

‖**D** | |**G** |**D**

His mother's brother took him in to his family and his home,

|**D** | | |**A**

Gave him a hand that he could lean on and a strength to call his own,

|**D** | |**G** |**D**

And he learned to be a farm-er and he learned to love the land,

|**D** | |**A** |**D** |

And he learned to read the sea-sons and he learned to make a stand.

Repeat Chorus 1

Verse 4

‖**D** | |**G** |**D**

On the eve of his twenty-first birthday he set out on his own.

|**D** | | |**A**

He was thirty years and runnin' when he found his way back home,

|**D** | |**G** |**D**

Ridin' a storm across the moun-tains and an ach - in' in his heart,

|**D** | |**A** |**D** |

Said he came to turn the pag-es and to make a brand-new start.

Verse 5

‖**D** | |**G** |**D**

Now he never told the story of the time that he was gone,

|**D** | | |**A**

Some say he was a law-yer, some say he was a john.

|**D** | |**G** |**D**

There was somethin' in the cit-y that he said he couldn't breathe,

|**D** | |**A** |**D** |

And there was somethin' in the coun-try that he said he couldn't leave.

Repeat Chorus 1

Verse 6

‖**D** | |**G** |**D**
Now some say he was crazy, some are glad he's gone,

|**D** | | |**A**
But some of us will miss him and we'll try to carry on,

|**D** | |**G** |**D**
Giving a voice   to the for-est, giving a voice   to the dawn,

|**D** | |**A** |**D** |
Giving a voice   to the wil-derness and the land that he lived on.

Chorus 2

‖**G** |**A** |**D** |
Oh, oh, Mon-tana, give this child a home,

|**G** |**A** |**D** |
Give him the love   of a good family and a woman of his own,

|**G** |**A** |**D** |**G**
Give him a fire   in his heart, give him a light   in his eyes,

|**D** | |**A** | |**D** |
Give him the wild   wind for a broth-er and the wild Montana skies.

Outro-Chorus

‖**G** |**A** |**D** |
Oh, oh, Mon-tana, give this child a home,

|**G** |**A** |**D** |
Give him the love   of a good family and a woman of his own,

|**G** |**A** |**D** |**G**
Give him a fire   in his heart, give him a light   in his eyes,

|**D** | |
Give him the wild   wind for a broth-er and the

A | | | |**D** | |**G A** |**D** ‖
Wild   Montana skies.